Petra Lange-Weber: Comics in der Schule – Merkmale, Gestaltung, Sprache

Inhaltsverzeichnis

1. Die Entwicklung der Comics (1)
2. Die Entwicklung der Comics (2)
3. Verschiedene Comicfiguren
4. Witz- und Abenteuercomics
5. Merkmale von Comics
6. Die Sprache im Comic
7. Umformen eines Tieres in eine Comicfigur
8. Mimik im Comic
9. Was sagen die Comicfiguren?
10. Gestik im Comic (1)
11. Gestik im Comic (2)
12. Zeichen und Symbole im Comic
13. Die Entstehung von Comicfiguren am Beispiel von Asterix und Obelix
14. Charakterisierung von Comicfiguren (1)
15. Charakterisierung von Comicfiguren (2)
16. Der Beruf deiner Comicfigur
17. Nasenformen im Comic
18. „Gute" Comicfiguren
19. „Böse" Comicfiguren
20. Das Frauenbild im Comic
21. Das Frauenbild im Comic und in der Werbung
22. Das Männerbild im Comic
23. Das Männerbild im Comic und in der Werbung
24. Mein Comicheld
25. Bild und Text
26. Bildebenen (1)
27. Bildebenen (2)
28. Das Comic-Reliefbild
29. Die Perspektive im Comic
30. Das Comicfiguren-Memory
31. Mona Lisa als Comicfigur verändert
32. Eine Comicfigur, die wackelt (1)
33. Eine Comicfigur, die wackelt (2)
34. Bildergänzung
35. Das Comic-Quartett
36. Rastervergrößerung eines Comicbildes (1)
37. Rastervergrößerung eines Comicbildes (2)
38. Rastervergrößerung eines Comicbildes (3)
39. Das Comic-Puzzle
40.–45. Der Hahn und der Fuchs (nach Jean de la Fontaine): Analyse von Sprache und Charaktereigenschaften der Figuren in der Fabel und Umwandlung in einen Comic

46.–52. Lösungen

Zu dieser Mappe

Beim Durchblättern von Schulbüchern und Arbeitsheften stößt man heutzutage ständig auf comichafte Abbildungen. Sie dienen als motivierende Anregungen oder stellen eine kurze Informationsszene dar. Die heutigen Kinder gehen so selbstverständlich mit der Comicdarstellung um, dass sie diese mühelos lesen können. Diese Bilder sind leicht verständlich, die Abbildungen beschränken sich auf das Wesentliche und der kurze Text in Sprechblasen teilt das Wichtigste mit. Die Comiceinlagen in Schulbüchern vermitteln dem Kind den Eindruck von Leichtigkeit, Spaß und Spiel.

Wie viel Spaß die Auseinandersetzung mit Comics macht, stelle ich immer wieder bei meinen Schülerinnen und Schülern fest. Meine alten und abgegriffenen Asterix- und anderen gesammelten Comichefte werden begeistert ausgeliehen und die Auseinandersetzung mit diesem Thema kommt derart gut an, dass ich meine gesammelten Themen neu überarbeitet und neue Ideen dazu entwickelt habe.

Petra Lange-Weber

INFOBLATT

DIE ENTWICKLUNG DER COMICS (I)

Am 7. November 1845 gründete Kaspar Braun in München die satirische Zeitschrift *Fliegende Blätter*. Zu den Mitarbeitern gehörten Graf Pocci, Moritz von Schwind, Carl Spitzweg, Franz Stuck. Auch Wilhelm Busch zeichnete schon für die *Fliegenden Blätter* und hier bei ihm haben wir schon die ersten Hinweise auf die Comics, z. B. in der Bildfolge und in ihrer Wechselbeziehung zum Text.

Wilhelm Busch trat nach dem Studium in München dem Künstlerverein bei und arbeitete ab 1859 für die *Fliegenden Blätter*. So erschien dort 1865 die Geschichte von *Max und Moritz* in Fortsetzungen. Selbstverständlich ereiferten sich die Pädagogen über die derartige Unmoral, gerade wie sie sich später bei den Comics entrüsteten.

Nun scheiden sich die Geister, ob der Comic eigentlich ursprünglich in Deutschland und Frankreich oder in Amerika entstanden ist.

Die amerikanischen Comicstrips hatten ihren Ursprung zwischen 1890 und 1900. Sie erschienen auf den Humorseiten und -beilagen der Sonntagszeitungen. 1896 erschien in der *New Yorker World* der Held der späteren Comicserie *Yellow Kid*, 1897 fand man dann die Abenteuer der *Katzenjammer Kids* in der Beilage *American Humorist* des *New Yorker Journal*.

Nach und nach führte der Zeichner Rudolph Dirks die Sprechblasen in seine Zeichnungen ein, was die Serie plötzlich beliebter und lustiger machte. 1904 erschien der erste Comicstrip in einer Werktagszeitung, nachdem man mit Comic-Sammelbänden und -Büchern herumexperimentiert hatte. Schließlich lösten sogenannte *Feature Syndicates* die Comics aus dem Zeitungsimperium heraus, um diese eigenständig herzustellen und zu verlegen. *King Features* wurde zum größten Syndikat (Unternehmensverband).

In Deutschland erschienen zwischen 1912 und 1941 speziell für Kinder gemachte Werbe- und Kundenzeitschriften. Diese enthielten auch Bildergeschichten. In vielen fand man Nachdrucke amerikanischer Comics, die oft nach alter deutscher Art mit gereimten Bilderläuterungen erweitert wurden.

Während in Deutschland die Entwicklung der Comics noch ein bescheidenes Dasein fristete, entwickelte sich der Comicstrip in Amerika weiter. Er war fast nur humoristisch ausgelegt. Doch seit 1929 sorgten in Amerika die Serien *Buck Rogers* (Sciencefiction) und *Tarzan* (Urwald) dafür, dass durch ihren Erfolg eine Menge Abenteuer-Comics entstanden.

1933 erschien das erste Comicheft, *Funnies on Parade*. Es war das Werbegeschenk einer Waschmittelfirma. 1934 wurden Comichefte schon selbstständige Produkte.

Petra Lange-Weber: Comics in der Schule – Merkmale, Gestaltung, Sprache
© Persen Verlag

INFOBLATT

DIE ENTWICKLUNG DER COMICS (2)

1937 kamen die ersten Comicgeschichten heraus, die nicht aus Zeitungen nachgedruckt waren. 1938 erschien der Senkrechtstarter *Superman* und 1939 sein erfolgreicher Kampfgefährte *Batman*.

Je drohender die Kriegsgefahr wurde, umso deutlicher machte sich auch der Kampf gegen Spione und Kriegstreiber und für die Demokratie bemerkbar.

Aus dem Comic entwickelte sich wie selbstverständlich der Zeichentrickfilm, der durch den Tonfilm erst richtig erfolgreich wurde. Walt Disneys Zeichentricktiere hatten in vielen Comicheften ein Eigenleben entwickelt. *Mickymaus*, *Donald Duck*, *Schweinchen Dick* u. a. waren die erfolgreichen Comichelden. Walt Disney hatte als 16-Jähriger bei Comiczeichnern das Zeichnen gelernt. Aus seinen späteren Disney-Studios gingen viele Comiczeichner, wie z. B. Carl Barks, der Donald-Duck-Zeichner, hervor.

Auch in Holland entstanden Comics und Zeichentrickfilme im Studio Marten Toonders. *Tintin* von Hergé, *Lucky Luke* von Morris und *Asterix* mit seinen Kumpanen von René Goscinny und Albert Uderzo kamen als Filmhelden auf die Leinwand.

Die deutsche Comic-Szene war nach dem Zweiten Weltkrieg hauptsächlich von der amerikanischen geprägt. Importe aus Italien und einzelne eigenständige Produktionen, z. B. *Fix und Foxi* von Rolf Kauka oder Comics in Illustrierten, z. B. *Der Stern* mit *Jimmy und das Gummipferd* von Roland Kohlsaat setzten sich durch. Manfred Schmidts *Nick Knatterton* wurde durch die Zeitschrift *Quick* bekannt und war eine äußerst beliebte Parodie auf die Supermänner.

In den 60er und 70er Jahren entstand die Pop-Art, deren bekanntester Vertreter Roy Lichtenstein war. Die Pop-Art machte sich wiederum auch in manchen Comics bemerkbar. Die damalige Generation hatte die Comics wieder neu entdeckt und viele alte Comicserien wurden wieder neu aufgelegt.

Auch die bedrohliche, technisierte und überbevölkerte Welt machte sich in der Hinwendung zum Übersinnlichen und Okkulten bemerkbar. So kehrten *Frankenstein* und *Dracula* zurück, Katastrophenfilme und Italowestern gingen in die Comics ein und fantastische Romane wurden auf die Comics übertragen.

1968 bis 1974 war die Blüte der Underground-Comics, die eine besondere Art Humor beinhalteten. Diese Comics reflektierten und dokumentierten die verschiedenen Bedürfnisse in der Protest-Generation. Sexistische Darstellungen, Brutalität, Gewalt und Satire waren ihre Inhalte. Die Underground-Comics sind Erwachsenen-Comics und sind nicht für Kinder gedacht.

ARBEITSBLATT

VERSCHIEDENE COMICFIGUREN

Schreibe alle dir bekannten Comicfiguren auf.

ARBEITSBLATT

WITZ- UND ABENTEUERCOMICS

Wir unterscheiden:

```
┌─────────────────────────────────┐
│                                 │
└─────────────────────────────────┘
```

und

```
┌─────────────────────────────────┐
│                                 │
└─────────────────────────────────┘
```

Witzcomics sind:

```
┌─────────────────────────────────┐
│                                 │
│                                 │
│                                 │
│                                 │
└─────────────────────────────────┘
```

Abenteuercomics sind:

```
┌─────────────────────────────────┐
│                                 │
│                                 │
│                                 │
│                                 │
└─────────────────────────────────┘
```

ARBEITSBLATT

MERKMALE VON COMICS

Comics sind ☐ .

Bild und Text ergänzen sich.

Durch die Folge der Bilder entsteht der Eindruck von

☐ und ☐ .

Im Comic werden Zeichen für ☐

☐ , ☐ und

☐ verwendet.

Geräusche werden durch ☐ dargestellt.

Die Sätze sind ☐ und teilen das ☐ mit.

Die Erscheinungsweise von Comics

☐ in Zeitungen

☐ in Illustrierten und Comicheften

☐ in Comicheften

☐ in Comicheften

ARBEITSBLATT

DIE SPRACHE IM COMIC

Der Text im Comic wird optisch hervorgehoben. Beschreibe und benenne die unten stehenden Beispiele.

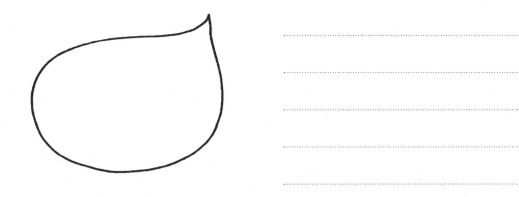

Petra Lange-Weber: Comics in der Schule – Merkmale, Gestaltung, Sprache
© Persen Verlag

AUFGABENBLATT

UMFORMEN EINES TIERES IN EINE COMICFIGUR

Im Comic werden gern Tiere als Figuren verwendet. Diese erhalten dann menschliche Züge. Sie können z.B. aufrecht stehen, haben Kleidung an und lachen oder weinen.

Welche Tiere kennst du, die als Comicfiguren gezeichnet wurden?

....

....

Welche Tiere eignen sich dazu, als Comicfiguren gezeichnet zu werden?

....

....

AUFGABE:

Gestalte ein Tier in eine Comicfigur um. Bedenke, dass die Tierform noch zu erkennen sein muss, gleichzeitig aber auch die Ähnlichkeit mit Menschen vorhanden sein soll.

Petra Lange-Weber: Comics in der Schule – Merkmale, Gestaltung, Sprache
© Persen Verlag

ARBEITSBLATT

MIMIK IM COMIC

Was ist Mimik?

Welche Gefühle werden in der Abbildung durch die Mimik ausgedrückt?

WAS SAGEN DIE COMICFIGUREN?

An der Mimik erkennt man die Gefühle und den Charakter der Personen. Schreibe in die Sprechblasen, was die Personen sagen könnten.

GESTIK IM COMIC (I)

Was ist Gestik?

Versuche, die Gestik der Personen und die Situation zu beschreiben.

GESTIK IM COMIC (2)

Gestik und Körperhaltung sagen viel über den Gemütszustand der Personen aus. Erfinde eine passende Situation und schreibe in die Denkblasen, was die Personen denken.

ARBEITSBLATT

ZEICHEN UND SYMBOLE IM COMIC

Welche Aufgaben haben Zeichen und Symbole im Comic?

....

....

Was denken folgende Personen?

Petra Lange-Weber: Comics in der Schule – Merkmale, Gestaltung, Sprache
© Persen Verlag

AUFGABENBLATT

DIE ENTSTEHUNG VON COMIC-FIGUREN AM BEISPIEL VON ASTERIX UND OBELIX

Im Jahre 1959 saßen zwei Freunde zusammen. Sie hießen René und Albert und lebten in Frankreich. Sie lachten über eine lustige Idee. Beim Durchsprechen wichtiger geschichtlicher Ereignisse waren sie bei dem Volk der Gallier hängen geblieben und begannen deren Geschichte zu erforschen. Und so erfanden die beiden Herren Asterix, Obelix und weitere Gestalten, deren Namen alle mit -ix enden sollten.

René Goscinny deckte sich mit Literatur über die Gallier und ihr Leben ein und Albert Uderzo begann, die ersten Figuren zu zeichnen. Die Römer waren die Gegner der Gallier und deren Namen sollten auf -us enden. Auf diese Weise erfanden die beiden Freunde den Zaubertrank, weil sich ja die Gallier gegen die Imperatoren wehren mussten.

Die Figuren brauchten auch ihren eigenen Charakter. Sie wurden knurrig, mürrisch, streitsüchtig, spaßig, tollpatschig, listig und liebten große Feste und die Schlemmerei.

Die ersten Asterix-Comics wurden in der Jugendzeitschrift *Pilote* veröffentlicht.

AUFGABE:

Versuche, die Entstehungsgeschichte von anderen Comicfiguren herauszufinden. Gehe in die Schulbibliothek oder eine öffentliche Bibliothek und sieh in Lexika oder Kunstbüchern nach.
Erfinde eine eigene Comicfigur. Gib ihr bestimmte Charaktereigenschaften und ein eigenwilliges Aussehen. Sicherlich hat die Figur auch noch andere besondere Fähigkeiten.

CHARAKTERISIERUNG VON COMICFIGUREN (I)

Denk dir eine kleine Comicfigur aus.

Sie will alles hören, daher die großen Ohren.

Ihre Augen wirken listig.

Zeichne deine Figur:

Meist hat sie klare Handbewegungen, die zeigen wo es »langgeht«.

Ihre große Nase lässt sie albern erscheinen.

Durch ihre großen Füße wirkt sie tapsig und tollpatschig.

Die Beine sind zu kurz, dadurch wirkt die Comicfigur klein. Kleine Menschen (Kinder) wirken niedlich.

CHARAKTERISIERUNG VON COMICFIGUREN (2)

Denk dir eine große Comicfigur aus.

Durch die großen runden Augen sieht sie freundlich und gutmütig aus.

Zeichne deine Figur:

Mit ihrer dicken Nase wirkt sie etwas dumm.

Ihre Frisur lässt sie kindisch wirken.

Sie isst gern, daher der dicke Bauch.

Mit den großen Füßen wirkt sie tapsig und tollpatschig.

Die weite bunte Hose mit den Hosenträgern wirkt albern.

ARBEITSBLATT

DER BERUF DEINER COMICFIGUR

Deine Comicfigur arbeitet als ....

Warum ist dieser Beruf besonders passend für deine Comicfigur?

....

....

....

AUFGABE:

Zeichne deine Comicfigur in der ihr typischen Berufskleidung hier hinein.

NASENFORMEN IM COMIC

AUFGABE:

Zeichne die Nasen:

ARBEITSBLATT

»GUTE« COMICFIGUREN

»Gute« Comicfiguren kann man an folgenden Merkmalen erkennen:

....

....

AUFGABE:

Erfinde eine »gute« Comicfigur und zeichne sie hier hinein:

ARBEITSBLATT

BÖSE COMICFIGUREN

Böse Comicfiguren kann man an folgenden Merkmalen erkennen:

....

....

....

....

AUFGABE:

Erfinde eine böse Comicfigur und zeichne sie hier hinein:

DAS FRAUENBILD IM COMIC

Welche Eigenschaften werden im Comic mit Frauen verbunden?

Kreuze an.

- ☐ aggressiv
- ☐ draufgängerisch
- ☐ ehrgeizig
- ☐ sportlich
- ☐ weinerlich
- ☐ habgierig
- ☐ faul
- ☐ neugierig
- ☐ wissensdurstig
- ☐ vernünftig
- ☐ machthungrig

- ☐ dumm
- ☐ treu
- ☐ ungebildet
- ☐ schön
- ☐ sexy
- ☐ listig
- ☐ intelligent
- ☐ naiv
- ☐ überlegen
- ☐ gebildet
- ☐ stark

- ☐ gutgläubig
- ☐ zickig
- ☐ abenteuerlustig
- ☐ verlogen
- ☐ albern
- ☐ böse
- ☐ anspruchsvoll
- ☐ mutig
- ☐ schlau
- ☐ gemein
- ☐ giftig
- ☐ hinterhältig
- ☐ häuslich
- ☐ putzwütig
- ☐ traurig
- ☐ umsorgend
- ☐ nachgiebig
- ☐ schlagfertig
- ☐ depressiv
- ☐ energisch
- ☐ geschickt

AUFGABENBLATT

DAS FRAUENBILD IM COMIC UND IN DER WERBUNG

AUFGABENKATALOG:

1. Schneidet Frauentypen aus Comics aus und beschreibt sie. Wie sind sie in der Story dargestellt und wie verhalten sie sich?

2. Sucht Werbeseiten aus Zeitschriften heraus, auf denen ebenfalls Frauen dargestellt sind. Wie sind die Frauen hier gezeigt, welche Eigenschaften haben sie, was wünschen sie sich?

3. Klebt die Bildbeispiele und eure Meinung zu den dargestellten Frauenbildern auf Plakate.

4. Habt ihr Gemeinsamkeiten in den Rollendarstellungen von Comics und der Werbung festgestellt? Schreibt sie auf.

5. Überlegt euch, wie ihr gerne als Frau wärt. Schneidet eine Abbildung aus einer Zeitschrift aus, die eurem Wunsch am nächsten kommt. Klebt diese Abbildung auf ein Zeichenblatt und schreibt eure Wunschvorstellungen in Denk- oder Sprechblasen dazu. Ihr könnt auch Bilder dazu malen oder kleben. Beschreibt, wie ihr sein wollt, welchen Beruf ihr euch wünscht und was ihr gerne haben wollt.

6. Nun wird's interessant, wenn alle Ergebnisse fertig sind. Vergleicht die Wünsche und Rollenbilder der Klassenkameraden und -kameradinnen. Entsprechen diese eigentlich den Darstellungen in Comic und Werbung? Diskutiert darüber und schreibt die interessantesten Ergebnisse auf ein Plakat.

ARBEITSBLATT

DAS MÄNNERBILD IM COMIC

Welche Eigenschaften werden im Comic mit der Darstellung von Männern verbunden?

Kreuze an.

- ☐ hinterhältig
- ☐ habgierig
- ☐ kräftig
- ☐ zäh
- ☐ weichlich
- ☐ beschützend
- ☐ schlagfertig
- ☐ heldenhaft
- ☐ schutzsuchend
- ☐ mutig

- ☐ schlaff
- ☐ arbeitsscheu
- ☐ stark
- ☐ empfindsam
- ☐ faul
- ☐ abenteuerlustig
- ☐ draufgängerisch
- ☐ hart
- ☐ schön
- ☐ durchtrainiert

- ☐ albern
- ☐ sportlich
- ☐ wagemutig
- ☐ listig
- ☐ intelligent
- ☐ schlau
- ☐ ungebildet
- ☐ wissensdurstig
- ☐ dumm
- ☐ waghalsig
- ☐ vernünftig
- ☐ häuslich
- ☐ dümmlich
- ☐ tollpatschig
- ☐ liebevoll
- ☐ ehrgeizig
- ☐ geldgierig
- ☐ machthungrig
- ☐ neugierig
- ☐ einfallsreich
- ☐ verschlagen
- ☐ geschickt

AUFGABENBLATT

DAS MÄNNERBILD IM COMIC UND IN DER WERBUNG

AUFGABENKATALOG:

1. Schneidet Männertypen aus Comics aus und beschreibt sie. Wie sind sie in der Story dargestellt und wie verhalten sie sich?

2. Sucht Werbeseiten aus Zeitschriften heraus, auf denen ebenfalls Männer dargestellt sind. Wie sind die Männer hier gezeigt, welche Eigenschaften haben sie, was wünschen sie sich?

3. Klebt die Bildbeispiele und eure Meinung zu den dargestellten Männerbildern auf Plakate.

4. Habt ihr Gemeinsamkeiten in den Rollendarstellungen von Comics und der Werbung festgestellt? Schreibt sie auf.

5. Überlegt euch, wie ihr gerne als Mann wärt. Schneidet eine Abbildung aus einer Zeitschrift aus, die eurem Wunsch am nächsten kommt. Klebt diese Abbildung auf ein Zeichenblatt und schreibt eure Wunschvorstellungen in Denk- oder Sprechblasen dazu. Ihr könnt auch Bilder dazu malen oder kleben. Beschreibt, wie ihr sein wollt, welchen Beruf ihr euch wünscht und was ihr gerne haben wollt.

6. Nun wird's interessant, wenn alle Ergebnisse fertig sind. Vergleicht die Wünsche und Rollenbilder der Klassenkameraden und -kameradinnen. Entsprechen diese eigentlich den Darstellungen in Comic und Werbung? Diskutiert darüber und schreibt die interessantesten Ergebnisse auf ein Plakat.

Petra Lange-Weber: Comics in der Schule – Merkmale, Gestaltung, Sprache
© Persen Verlag

ARBEITSBLATT

MEIN COMICHELD

AUFGABE:

Zeichne hier deinen Comichelden hinein.

Beschreibe deinen Comichelden.

Name: ....

Alter: ....

Wohnort: ....

Charaktereigenschaften: ....

....

....

....

ARBEITSBLATT

BILD UND TEXT

- Betrachte beide Bilder.
- Welcher Unterschied besteht zwischen beiden Abbildungen?

....
....
....
....
....

- Was mag zwischen den beiden Personen geschehen sein?
- Schreibe es auf.

....
....
....
....
....

....
....

- Schreibe den zu der Situation passenden Text in die Sprech- und Denkblasen.

ARBEITSBLATT

BILDEBENEN (I)

Was sind Bildebenen?

Gesamtansicht

AUFGABE:

Male selbst ein Bild mit Vorder-, Mittel- und Hintergrund.

BILDEBENEN (2)

Vordergrund

Mittelgrund

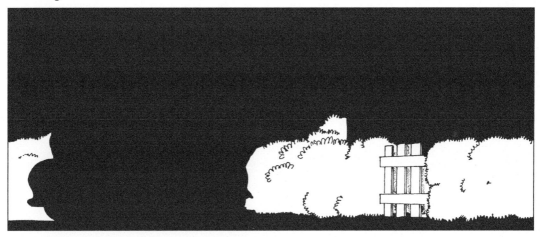

Hintergrund

ARBEITSBLATT

DAS COMIC-RELIEFBILD

Was ist ein Reliefbild?

....

AUFGABE:

Stelle ein Reliefbild nach Vorlage eines vergrößerten Comicbildes her.

ARBEITSSCHRITTE:

• Suche dir ein Comicbild aus, in dem die Bildebenen klar erkennbar sind.
• Vergrößere das Comicbild mit dem Kopierer oder mit Hilfe der Rastervergrößerung. Du benötigst 2 Kopien.
• Das erste Bild malst du mit Filzstiften, Buntstiften oder Wasserfarben an.
• Beim zweiten Bild malst du nun nur die wichtigen Teile des Mittel- und Vordergrundes an. Wähle die gleichen Farben wie beim ersten Bild.
Klebe die Teile auf etwas festeren Karton und schneide die Bildebenen exakt aus. Hinterlege die Bildteile mit Kartonstücken, damit sie vom Untergrund hochstehen. Klebe die Teile auf das erste Bild, genau auf die gleiche Fläche. Die Teile des Vordergrundes müssen noch höher vorstehen als der Mittelgrund.

DIE PERSPEKTIVE IM COMIC

Welche Arten von Perspektive kannst du auf den Bildern erkennen?
Erkläre das Prinzip der jeweiligen Perspektive.

....
....
....
....
....

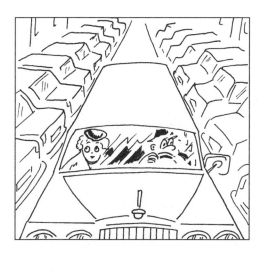   

....
....
....
....

AUFGABENBLATT

DAS COMICFIGUREN-MEMORY

AUFGABE:

Zeichne auf weißes Papier Kreise mit 6 cm Durchmesser.
Dahinein zeichnest du die Umrisse von Comicfiguren.
Deine Zeichnungen kopierst du einmal. Damit erhältst du jeweils ein gleiches Paar.
Klebe deine Kreise auf Karton und schneide sie aus.
Male die gleichen Figuren auch in den gleichen Farben an. Am besten verwendest du dazu Filzstifte.
Nun kannst du die Kreise mit klebender Klarsichtfolie überziehen.

... und viel Spaß beim Spielen!

AUFGABENBLATT

MONA LISA ALS COMICFIGUR VERÄNDERT

Betrachte das Bild der Mona Lisa, welches der Maler Leonardo da Vinci gemalt hat.
Wie hätte ein Comiczeichner die Mona Lisa dargestellt?

AUFGABE:

Male das Bild wie ein Comiczeichner.

EINE COMICFIGUR, DIE WACKELT (I)

Eine Wackelfigur ist eine hohle Form, die im unteren Bereich durch eine Masse einen Schwerpunkt erhalten hat. Dadurch wackelt sie beim Anschubsen immer wieder auf diesen Schwerpunkt zurück und fällt nicht um.

Für die Wackelfigur benötigst du 3 Luftballons, die du unterschiedlich groß aufbläst. Der große Ballon ist für den Körper, der mittlere für den Kopf und der kleine für die Nase.

Nun reißt du Zeitungspapier in Schnipsel von ca. 8 cm Länge und 2–3 cm Breite.

Du rührst den Tapetenkleister in einem Gefäß an. Mengenangaben stehen immer auf der Packung.

Die Papierschnipsel streichst du am besten mit den Fingern mit Tapetenkleister ein und klebst die Streifen rings um die Luftballons. Du musst mehrere Schichten Zeitungspapier übereinanderkleben und das Ganze glatt verstreichen. Danach muss alles erst einmal gut durchtrocknen.

Schneide einen Kartonstreifen von ca. 7 cm Breite und klebe ihn zu einem Ring zusammen. Der große Luftballon muss in dem Ring stehen können und darf nicht umfallen. Schneide die Spitze des Luftballons mit einer Schere ab. Die Öffnung sollte ca. 5 cm Durchmesser haben.

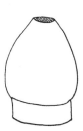

INFOBLATT

EINE COMICFIGUR, DIE WACKELT (2)

Rühre Gips und Wasser nach Gebrauchsanweisung an. Du kannst statt Gips Moltofill verwenden.

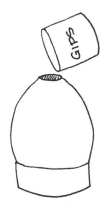

Fülle die noch flüssige Gipsmasse in den großen Ballon, sodass ungefähr 1/10 der Gesamthöhe voller Gips ist. Nun muss der Gips hart werden.

In die obere Öffnung des großen Luftballons steckst du jetzt den mittleren Luftballon hinein. Das ist der Kopf. Der kleine Luftballon ergibt die Nase. Nase und Kopf werden mit Zeitungspapierstreifen und Kleister befestigt und glatt verstrichen. Die Arme und Hände werden durch geknülltes Zeitungspapier auf den Körper aufgesetzt und dann auch mit Papierstreifen befestigt. Die Grundform muss wieder gut durchtrocknen.

Die ganze durchgetrocknete Comicfigur wird mit weißer Wandfarbe grundiert, d. h. angestrichen.

Mit Tempera- oder Dispersionsfarben wird die Comicfigur angemalt. Wenn die Farbe getrocknet ist, wird die Figur noch mit Klarlack besprüht oder angestrichen.

EIN SPIEL MIT DEN WACKELFIGUREN IM FREIEN

Stellt euch aus Stoff- oder Schaumgummiresten weiche Wurfbälle her. Die Wackelfiguren werden in einiger Entfernung hingestellt und müssen mit den Bällen getroffen werden.
Die Spielregeln dazu könnt ihr selbst erfinden. Wäre das eine Idee für das nächste Schulfest?

BILDERGÄNZUNG

AUFGABE:

Es geschieht etwas auf der Burg. Ergänze das Bild mit Feder und Zeichentusche.

AUFGABENBLATT

DAS COMIC-QUARTETT

AUFGABE:

Schneide mehrere Spielkarten aus weißem Karton aus. Wähle ein Thema aus dem Comicbereich, z. B. tierische Comicfiguren. Zeichne auf jeweils 4 Karten Motive deines Themas. Male die Motive mit Bunt- oder Filzstiften an. Überklebe die Karten mit durchsichtiger Klebefolie.

Spielregeln:
wie beim Quartettspiel.

Dies ist die Originalkarte.

RASTERVERGRÖSSERUNG EINES COMICBILDES (I)

1. Auswahl des Comicbildes

Schneide dir ein Comicbild, welches du gern als Poster vergrößern willst, aus einem Comic aus. Das Bild sollte nicht zu viele kleine Formen haben. Gleichmäßige Farbflächen erleichtern später den Farbauftrag. Text ist schwierig zu übertragen. Bedenke den Schwierigkeitsgrad deines Bildes.

2. Anlegen des Rasters

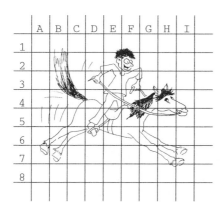

Klebe das Comicbild gerade auf Karopapier und verbinde die Linien der Karos mit einem Lineal, damit ein exaktes Raster entsteht. Bei einem größeren Bildausschnitt genügt es, alle zwei Kästchen ein Rasterkaro zu setzen. Nummeriere die Raster wie bei einem Schachbrett mit Buchstaben und Zahlen.

3. Übertragen des Rasters auf das Format

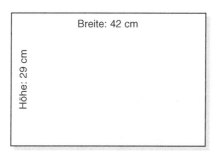

Jetzt muss das Raster vergrößert und auf das Posterpapier übertragen werden. Soll das Comicbild auf DIN-A3-Format vergrößert werden, könnte das Blatt also 29 cm x 42 cm groß sein. Schreibe die Größe deines Blattes auf einen Zettel.

RASTERVERGRÖSSERUNG EINES COMICBILDES (2)

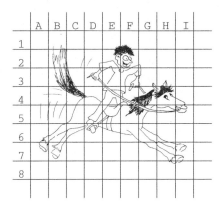

Nun zählst du die Anzahl der Karos deines Comicbildes in Höhe und Breite. Hier sind es in der Breite 9 Karos und in der Höhe 8.

Nun muss gerechnet werden.

42 cm (Bildbreite) : 9 (Karos) = 4,6 cm
29 cm (Bildhöhe) : 8 (Karos) = 3,6 cm

Da wir auf der Vergrößerung auch wieder nur Quadrate haben dürfen – sonst würde das Bild verzerrt werden –, kann uns nur die kleinere Zahl der beiden Ergebnisse interessieren, also die **3,6 cm**.

Quadrate mit 3,6 cm abzumessen, wäre recht mühsam, also nehmen wir die nächst **kleinere, leicht messbare Zahl**, nämlich die **3,5 cm**.

Du misst (nach unserem Beispiel) jetzt 9 Quadrate in der Breite und 8 Quadrate in der Höhe mit jeweils 3,5 cm Seitenlänge aus.

Ziehe die Linien ganz dünn mit dem Bleistift, denn sie müssen später wieder ausradiert werden.

Nummeriere die Quadrate wie auf dem Comicbild.

RASTERVERGRÖSSERUNG EINES COMICBILDES (3)

4. Übertragen der Formen und Linien.

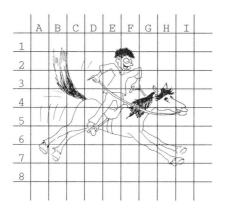

Du überträgst jetzt Quadrat für Quadrat die Form der Linien wie in dem Beispiel unten.

An der Vergrößerung kannst du die Linienführung nachvollziehen. Führe die Linien zur Übung noch weiter.

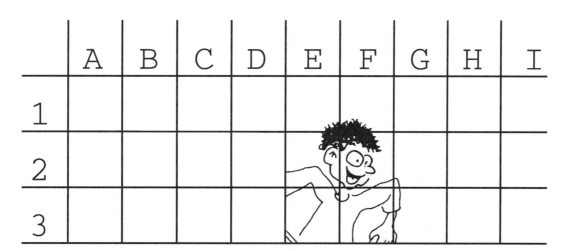

5. Ausradieren der Rasterlinien

Vor dem Anmalen musst du alle Rasterlinien wieder ausradieren. Das macht zwar viel Arbeit, ist aber notwendig, da man sonst die Linien beim Anmalen durchsieht.

6. Anmalen der Comicvergrößerung

Male die Flächen in den gleichen Farben der Originalvorlage an. Verwende dazu Deck- oder Temperafarben. Für schwarze Konturlinien kannst du Filzstifte verwenden.

AUFGABENBLATT

DAS COMIC-PUZZLE

Was ist ein Puzzle?

AUFGABE:

Vergrößere ein Comicbild mit dem Kopierer oder mit Hilfe der Rastervergrößerung. Klebe die Vergrößerung auf Karton und male das Bild an. Ziehe durchsichtige Klebefolie über das Bild und schneide es dann in Stücke. Beklebe eine Schachtel mit dem verkleinerten angemalten Originalbild und lege die Puzzleteile in diese Schachtel.

DER HAHN UND DER FUCHS (I)
(NACH JEAN DE LA FONTAINE)

Auf einem Baum saß ein alter, in allen Lebenslagen schlauer Hahn. »Freund«, sprach ein Fuchs mit gedämpfter Stimme, »wir wollen uns von heute an vertragen. Ein allgemeiner Friede wurde beschlossen. Ich bin gekommen, dir das mitzuteilen. Komm vom Baum herab und küss mich! Von nun an sind wir Brüder. Gleich muss ich weiter, um noch zwanzig andere Leute aufzusuchen. Komm nur schnell herab! Dort unter den Buchen kannst du mit deinen Kindern Käfer picken. Komm schnell, sodass wir uns in die Augen sehen und herzlich küssen können, da nun Friede ist.«

»Freund«, sprach der Hahn, »für mich könnte es nie eine süßere Botschaft geben als diese. Wie schön, dass du ihr Überbringer bist! Dort sehe ich auch zwei Hunde rennen. Vermutlich wählte man die schnellsten Tiere, um die Friedensbotschaft zu verbreiten. Ich komme herab und dann küssen wir uns alle vier.« »Leb wohl!«, rief da der Fuchs, »mein Weg ist noch weit. Wir wollen zu passenderer Gelegenheit Frieden feiern.«

Der Fuchs nahm die Beine in die Hand und jagte fort, betrübt, dass er um seine Beute kam. Der alte Hahn aber saß noch lange dort und wollte sich vor Lachen biegen. Welch doppelter Genuss, einen Betrüger zu betrügen!

DIE SPRACHE IN DER FABEL:

DER HAHN UND DER FUCHS (2)
(NACH JEAN DE LA FONTAINE)

DIE SPRACHE IM COMIC:

Die im Comic verwendete Sprache ist die **Umgangssprache**.

Wie würde der Fuchs im Comic sprechen?
Schreibe es in die Sprechblase.

Wie würde der Hahn im Comic sprechen?
Schreibe es in die Sprechblase.

CHARAKTEREIGENSCHAFTEN IN DER FABEL:

Lies die Fabel: Der Hahn und der Fuchs.
Welche Charaktereigenschaften haben die Hauptdarsteller?
Schreibe die Eigenschaften in die Felder.

DER HAHN UND DER FUCHS (3)
(NACH JEAN DE LA FONTAINE)

DER FUCHS ALS COMICFIGUR

CHARAKTERISTISCHE MERKMALE DES FUCHSES:

- buschiger Schwanz
- lange, spitze Schnauze
- heller Bauch
- rotbraunes Fell
- große Ohren

AUFGABE:

Zeichne hier den Fuchs als Comicfigur hinein. Bedenke die für den Fuchs typischen äußeren Merkmale. Der Fuchs könnte nun aber aufrecht gehen und auch Kleidung anhaben.

ARBEITSBLATT

DER HAHN UND DER FUCHS (4)
(NACH JEAN DE LA FONTAINE)

DER HAHN ALS COMICFIGUR

CHARAKTERISTISCHE MERKMALE
DES HAHNES:

- aufrechter, stolzer Gang
- großer Federschweif
- Hahnenkamm
- bunte Schwanzfedern

AUFGABE:

Zeichne hier den Hahn
als Comicfigur hinein.
Bedenke die für den
Hahn typischen äußeren
Merkmale. Der Hahn
könnte nun auch
Kleidung tragen.

ARBEITSBLATT

DER HAHN UND DER FUCHS (5)
(NACH JEAN DE LA FONTAINE)

UMFORMEN EINER FABEL IN EINEN COMIC

Lies die Fabel: Der Hahn und der Fuchs.

Schreibe die einzelnen Szenen in ihrer Reihenfolge auf.

1.

2.

3.

4.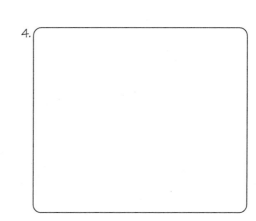

5.

6.

ARBEITSBLATT

DER HAHN UND DER FUCHS (6)
(NACH JEAN DE LA FONTAINE)

AUFGABE:

Zeichne einen Comic mit dem Titel: Der Hahn und der Fuchs.
Dazu musst du dir aber erst einiges zur Planung des Comics überlegen.

1. Welche Darsteller spielen in deinem Comic mit?

2. Denke an:

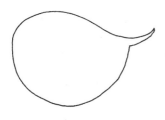 

3. Wie ist die Sprache im Comic?

4. Wie kannst du das Fortjagen des Fuchses darstellen?

5. Wie kannst du die Gedanken der Personen darstellen?

LÖSUNGEN ZU BLATT 5

COMICS

MERKMALE VON COMICS

Comics sind [Bildergeschichten].

Bild und Text ergänzen sich.

Durch die Folge der Bilder entsteht der Eindruck von [Bewegung] und [Zeit].

Im Comic werden Zeichen für [Gefühle], [Gedanken], [Geräusche] und [Bewegung] verwendet.

Geräusche werden durch [Geräuschworte] dargestellt.

Die Sätze sind [kurz] und teilen das [Wichtigste] mit.

Die Erscheinungsweise von Comics

- [täglich] in Zeitungen
- [wöchentlich] in Illustrierten und Comicheften
- [14-tägig] in Comicheften
- [monatlich] in Comicheften

LÖSUNGEN ZU BLATT 4

COMICS

WITZ- UND ABENTEUERCOMICS

Wir unterscheiden:

[Witzcomics] und [Abenteuercomics]

Witzcomics sind:

[lustig, komisch, übertrieben, witzig, unrealistisch, usw.]

Abenteuercomics sind:

[spannend, abenteuerlich, übertrieben, brutal, utopisch, unrealistisch, usw.]

Petra Lange-Weber: Comics in der Schule – Merkmale, Gestaltung, Sprache
© Persen Verlag

LÖSUNGEN ZU BLATT 8

MIMIK IM COMIC

Was ist Mimik?

Unter Mimik versteht man den Gesichtsausdruck einer Person.

Welche Gefühle werden in der Abbildung durch die Mimik ausgedrückt?

LÖSUNGEN ZU BLATT 6

DIE SPRACHE IM COMIC

Der Text im Comic wird optisch hervorgehoben. Beschreibe und benenne die unten stehenden Beispiele.

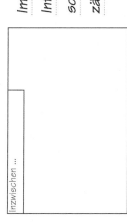

Im Comic werden kleine Informationen des Geschehens in einem Erzähltext gegeben.

Die direkte Rede wird durch Sprechblasen dargestellt.

Geräusche werden durch Geräuschworte dargestellt. Die Wörter stammen meist aus dem Englischen.

Petra Lange-Weber: Comics in der Schule – Merkmale, Gestaltung, Sprache
© Persen Verlag

LÖSUNGEN ZU BLATT 11

GESTIK IM COMIC (2)

Gestik und Körperhaltung sagen viel über den Gemütszustand der Personen aus. Erfinde eine passende Situation und schreibe in die Denkblasen, was die Personen denken.

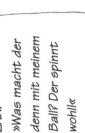

Z.B.:
»Was mache ich jetzt nur? Wo habe ich nur den Autoschlüssel gelassen?«

Z.B.:
»Was macht der denn mit meinem Ball? Der spinnt wohl!«

Z.B.:
»Oje, ausgerechnet mir musste das passieren! Wie konnte ich nur ein Eigentor schießen?«

LÖSUNGEN ZU BLATT 10

GESTIK IM COMIC (1)

Was ist Gestik?

Unter dem Begriff Gestik versteht man die Ausdrucksbewegungen der Hände, Arme und des gesamten Körpers.

Versuche die Gestik der Personen und die Situation zu beschreiben.

Petra Lange-Weber: Comics in der Schule – Merkmale, Gestaltung, Sprache
© Persen Verlag

LÖSUNGEN ZU BLATT 18

COMICS

»GUTE« COMICFIGUREN

»Gute« Comicfiguren kann man an folgenden Merkmalen erkennen:

Sie sind in hellen Farben gekleidet. Sie haben freundliche Gesichtszüge, z. B. Grübchen, geöffnete und große Augen. Sie haben helle Haare und sind rasiert.

AUFGABE:

Erfinde eine »gute« Comicfigur und zeichne sie hier hinein:

LÖSUNGEN ZU BLATT 12

COMICS

ZEICHEN UND SYMBOLE IM COMIC

Welche Aufgaben haben Zeichen und Symbole im Comic?

Im Comic gibt es Zeichen und Symbole für Gefühle und Gedanken.

Was denken folgende Personen?

Z. B.:
»Sei bloß still!«

Z. B.:
»Ich könnte an die Decke gehen ... aber ich beherrsche mich.«

Z. B.:
»Aha, so geht das!«

Petra Lange-Weber: Comics in der Schule – Merkmale, Gestaltung, Sprache
© Persen Verlag

LÖSUNGEN ZU BLATT 26

COMICS

BILDEBENEN (I)

Was sind Bildebenen?

Ein Bild besteht aus verschiedenen räumlichen Ebenen. Wir bezeichnen diese als Vordergrund, Mittelgrund und Hintergrund. Ein Bild kann auch unterschiedliche Mittelgründe haben.

Gesamtansicht

AUFGABE:

Male selbst ein Bild mit Vorder-, Mittel- und Hintergrund.

LÖSUNGEN ZU BLATT 19

COMICS

BÖSE COMICFIGUREN

Böse Comicfiguren kann man an folgenden Merkmalen erkennen:

Sie haben dunkle buschige Augenbrauen und dunkle Haare. Manchmal haben sie kantige Gesichtszüge, scharf geschnittene Nasen, zusammengekniffene Augen und sie wirken schlampig und ungepflegt.

AUFGABE:

Erfinde eine böse Comicfigur und zeichne sie hier hinein:

Petra Lange-Weber: Comics in der Schule – Merkmale, Gestaltung, Sprache
© Persen Verlag

LÖSUNGEN ZU BLATT 29

DIE PERSPEKTIVE IM COMIC

Welche Arten von Perspektive kannst du auf den Bildern erkennen? Erkläre das Prinzip der jeweiligen Perspektive.

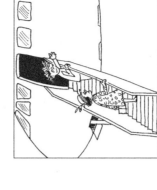

Normalsicht:

Die Augenhöhe ist in gleicher Höhe wie der betrachtete Gegenstand.

Froschperspektive:

Man schaut von unten nach oben. Die Augenhöhe des Betrachters befindet sich unterhalb des betrachteten Gegenstandes.

Vogelperspektive:

Man schaut von oben auf den Gegenstand oder die Person hinab. Die Augenhöhe des Betrachters befindet sich oberhalb des Objektes.

LÖSUNGEN ZU BLATT 28

DAS COMIC-RELIEFBILD

Was ist ein Reliefbild?

Ein Reliefbild ist ein dreidimensionales Bild. Bildteile stehen aus der Fläche hervor, das Bild hat also Höhe, Breite und Tiefe.

AUFGABE:

Stelle ein Reliefbild nach Vorlage eines vergrößerten Comicbildes her.

ARBEITSSCHRITTE:

- Suche dir ein Comicbild aus, in dem die Bildebenen klar erkennbar sind.
- Vergrößere das Comicbild mit dem Kopierer oder mit Hilfe der Rastervergrößerung. Du benötigst 2 Kopien.
- Das erste Bild malst du mit Filzstiften, Buntstiften oder Wasserfarben an.
- Beim zweiten Bild malst du nun nur die wichtigen Teile des Mittel- und Vordergrundes an. Wähle die gleichen Farben wie beim ersten Bild. Klebe die Teile auf etwas festeren Karton und schneide die Bildebenen exakt aus. Hinterlege die Bildteile mit Kartonstücken, damit sie vom Untergrund hochstehen. Klebe die Teile auf das erste Bild, genau auf die gleiche Fläche. Die Teile des Vordergrundes müssen noch höher vorstehen als der Mittelgrund.

Petra Lange-Weber: Comics in der Schule – Merkmale, Gestaltung, Sprache
© Persen Verlag

LÖSUNGEN ZU BLATT 45

DER HAHN UND DER FUCHS (6)
(NACH JEAN DE LA FONTAINE)

AUFGABE:

Zeichne einen Comic mit dem Titel: Der Hahn und der Fuchs. Dazu musst du dir aber erst einiges zur Planung des Comics überlegen.

1. Welche Darsteller spielen in deinem Comic mit?

2. Denke an:

Sprechblasen   Erzähltext   Geräuschworte

3. Wie ist die Sprache im Comic?
Die Sprache ist kurz und teilt das Wichtigste mit.
Die Personen reden in der Umgangssprache.

4. Wie kannst du das Fortjagen des Fuchses darstellen?
Durch Bewegungslinien und eine Staubwolke.

5. Wie kannst du die Gedanken der Personen darstellen?
Durch Denkblasen.

LÖSUNGEN ZU BLATT 39

DAS COMIC-PUZZLE

Was ist ein Puzzle?

Ein Puzzle ist ein Bild, das aus vielen kleinen Einzelteilen zusammengesetzt wird.

AUFGABE:

Vergrößere ein Comicbild mit dem Kopierer oder mit Hilfe der Rastervergrößerung. Klebe die Vergrößerung auf Karton und male das Bild an. Ziehe durchsichtige Klebefolie über das Bild und schneide es dann in Stücke. Beklebe eine Schachtel mit dem verkleinerten angemalten Originalbild und lege die Puzzleteile in diese Schachtel.

Petra Lange-Weber: Comics in der Schule – Merkmale, Gestaltung, Sprache
© Persen Verlag

Alle Unterrichtsmaterialien
der Verlage Auer, AOL-Verlag und PERSEN

» jederzeit online verfügbar

lehrerbuero.de
Jetzt kostenlos testen!

» **lehrerbüro**
Das **Online-Portal** für Unterricht und Schulalltag!